Gaosu Gonglu Liqing Lumian Binghai Tezheng

# 高速公路沥青路面病害特征

Shibie Tuce

# 识别图册


王子鹏　赵宝平　贾　梓　孙　倩　编著

## 内 容 提 要

本书通过对沥青混凝土路面的破损类型、破损程度的识别和破损特征的总结，把抽象的文字定义转化为图文并茂的形式，并用一种特定的图示作为工程语言来规范破损分类及分级，使得对路面破损的检测结果更标准和一致，为路面病害治理方案的确定和设计奠定基础。

本书作为公路养护技术人员的一部实用工具书，旨在统一识别标准，尽可能减少人为差异，为养护设计提供详细的标准化的检测数据，促进养护设计标准化水平的提高。

**图书在版编目（CIP）数据**

高速公路沥青路面病害特征识别图册 / 王子鹏等编著. —北京 : 人民交通出版社股份有限公司, 2017.9

ISBN 978-7-114-14149-2

Ⅰ. ①高… Ⅱ. ①王… Ⅲ. ①高速公路—沥青路面—路面衰坏—识别—图集 Ⅳ. ①U416.217-64 ②U418.6-64

中国版本图书馆CIP数据核字(2017)第218865号

书　　名：高速公路沥青路面病害特征识别图册
著 作 者：王子鹏　赵宝平　贾　梓　孙　倩
责任编辑：袁　方　任雪莲
出版发行：人民交通出版社股份有限公司
地　　址：（100011）北京市朝阳区安定门外外馆斜街3号
网　　址：http://www.ccpress.com.cn
销售电话：（010）59757973
总 经 销：人民交通出版社股份有限公司发行部
经　　销：各地新华书店
印　　刷：北京盛通印刷股份有限公司
开　　本：787 × 960　1 /16
印　　张：2.25
字　　数：30千
版　　次：2017年8月　第1版
印　　次：2019年3月　第2次印刷
书　　号：ISBN 978-7-114-14149-2
定　　价：45.00元

# 前言

养护决策离不开对路况客观准确的判断，而现有沥青路面技术状况检测中，虽然对于平整度、抗滑、车辙、弯沉等指标可以实现自动化检测，但对于最为直观的路面破损尚不能完全实现智能识别和标准化检测。在实际工作中，一般通过人工检测或影像自动采集和人工辅助识别的方法进行检测。我国现行技术规范对各类沥青路面病害的定义只有定性文字描述，缺乏实用性的、可操作的具体定义。因此，依赖检测人员的主观认识水平对于病害的识别和统计就必然存在较大的人为差异。如何将病害识别和统计标准化，建立基于养护方案设计的项目级病害检测方法，是目前困扰公路养护行业发展的关键技术。为此，我们需要路面各类病害的特征识别信息，把抽象的文字定义转化为形象、具体、图文并茂的定义，规范路面破损的界定，提高不同检测人员调查结论的一致性、可靠性和通用性。

本书通过对沥青混凝土路面的破损类型、破损程度的识别和破损特征的总结，把抽象的文字定义转化为图文并茂的形式，并用一种特定的图示作为工程语言来规范破损分类及分级,使得对路面破损的检测结果更标准和一致，为路面病害治理方案的确定和设计奠定基础。

本书作为公路养护技术人员的一部实用工具书，旨在统一识别标准，尽可能减少人为差异，为养护设计提供详细的标准化的检测数据，促进养护设计标准化。

作　者<br>2017 年 6 月

目 录

# 1
# 沥青路面破损分类

沥青路面技术状况评价典型病害分类，按损坏原因、表现形式、常用维修方式及工艺等，参考《公路技术状况评定标准》（JTG H20—2007）中的病害类别，共分为四大类 13 项，如图 1-1 所示。

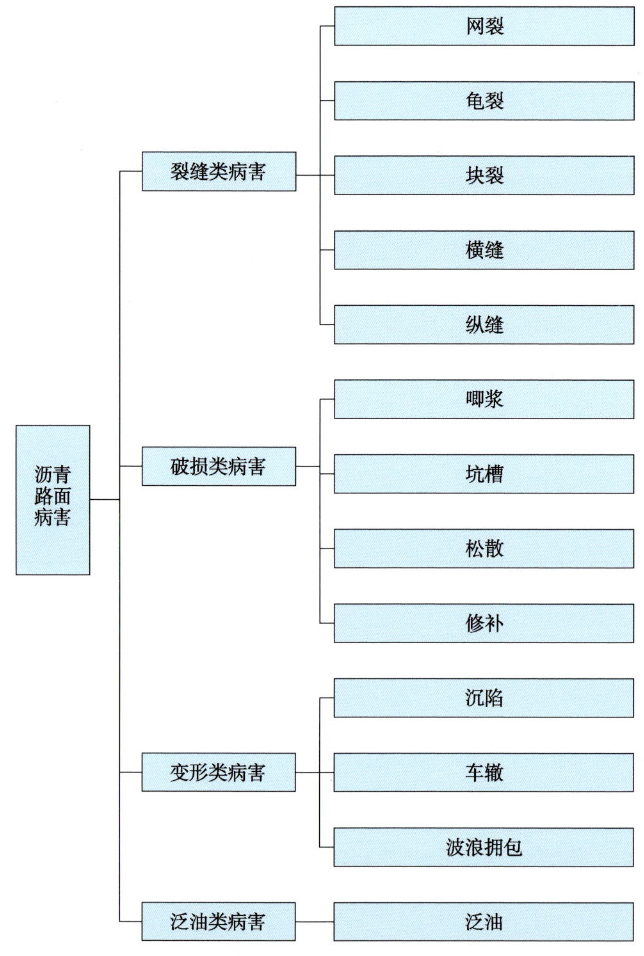


图 1-1　沥青路面病害分类

# 2

# 沥青路面病害识别特征

## 2.1 裂缝类病害

裂缝类病害具体表现形式有网裂、龟裂、块裂、横向裂缝、纵向裂缝等。

### 2.1.1 网裂

网裂主要发生于沥青路面表面层，裂缝分布无明显规律，裂缝块度小，缝宽细小，深度浅，如图 2-1 所示。

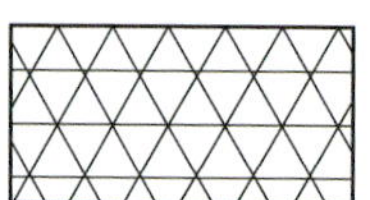

块度较小，裂缝细小，仅发生在表面层

a)

b)

c)

d)

e)

图 2-1 沥青混凝土路面网裂

注：WL 指网裂破损。

### 2.1.2 龟裂

龟裂的形状似乌龟的背壳，在路面上呈相互交错的小网格状。裂缝块度大部分集中在 20~50cm，裂缝发展层位深，裂区无变形或有轻度变形或散落，如图 2-2 所示。

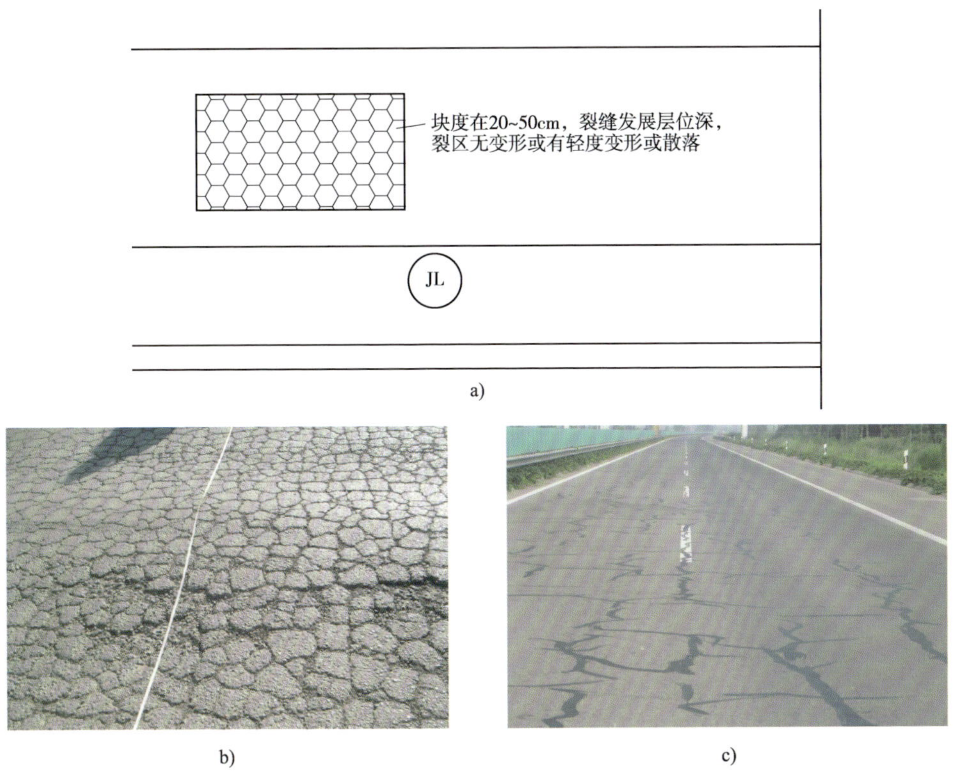


图 2-2 沥青混凝土路面龟裂

注：JL 指龟裂破损。

### 2.1.3 块裂

块裂与龟裂相似，表现为纵横交错的封闭型网格状裂缝。但是与龟裂相比，块裂在尺寸和形状上均有所差异，块裂平面尺寸较大，裂缝块度在 50~300cm；在形状上，由于块裂是一种脆断裂缝，因此裂缝的断面一般比较光滑，且棱角较明显，如图 2-3 所示。

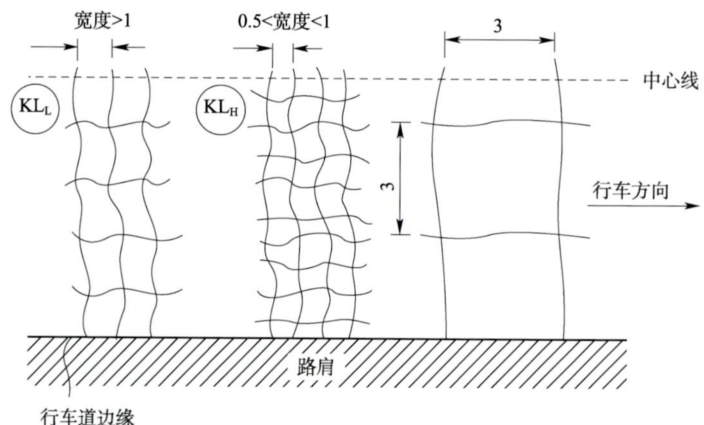


图 2-3　块裂示意图（尺寸单位：m）

注：KL 指不规则裂缝，即块裂；$KL_L$ 指轻度块裂；$KL_H$ 指重度块裂。

按照裂缝块度的大小，块裂分为轻度和重度两个等级。

（1）轻度块裂

轻度块裂（图 2-4）的大部分裂缝块度大于 1.0m，裂区无石料散落，裂缝缝细；块裂边距大于 3m 时，按照横缝或纵缝判别。

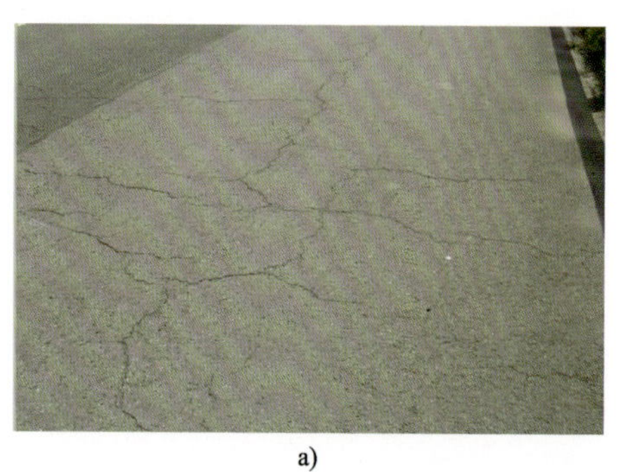

a)

b)

图 2-4　沥青混凝土路面轻度块裂

（2）重度块裂

重度块裂（图 2-5）的主要裂缝块度在 0.5~1.0m，裂缝发展层位深，裂区有石料散落，裂缝缝宽。

a)

b)

图 2-5　沥青混凝土路面重度块裂

### 2.1.4　横向裂缝

横向裂缝，简称横缝，是与道路中线近似垂直的裂缝，有时伴有少量支缝，如图 2-6 所示。

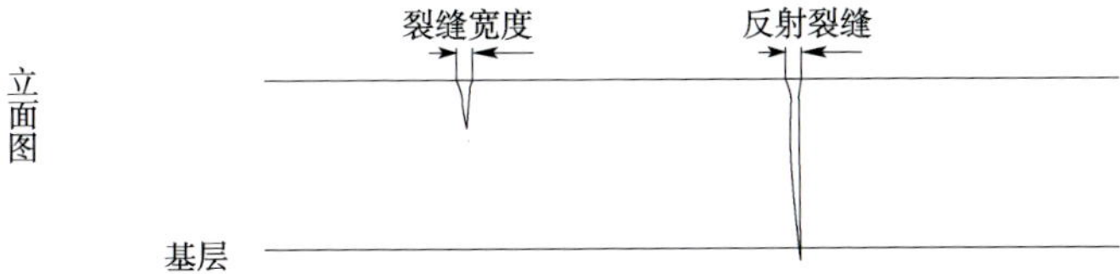


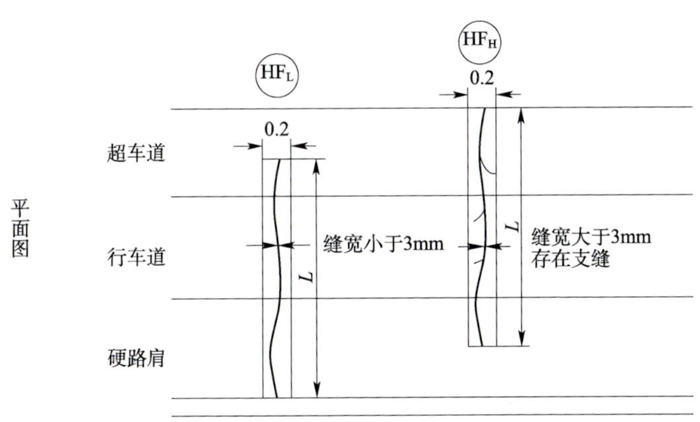


图 2-6　横缝示意图（尺寸单位：m）

注：HF 指横缝；$HF_L$ 指轻度横缝；$HF_H$ 指重度横缝。

按裂缝宽度大小及裂缝边缘的破坏情况，横缝分为轻、重两个等级。

（1）轻度横缝：缝细、裂缝壁无散落或有轻微散落，无支缝或有少量轻微支缝，裂缝宽度在 3mm 以内，如图 2-7 所示。

a)

b)

c)

d)

图 2-7　沥青混凝土路面轻度横缝

（2）重度横缝：缝宽，裂缝贯通整个路面或一条以上车道，裂缝壁有散落，有较多严重支缝，并伴有破损、啃边等，主要缝宽大于 3mm，如图 2-8 所示。

a) b) c) d) e)

图 2-8 沥青混凝土路面重度横缝

### 2.1.5 纵向裂缝

纵向裂缝，简称纵缝，指与行车方向基本平行的裂缝，如图 2-9 所示。按裂缝宽度大小及裂缝边缘的破坏情况，纵缝分为轻、重两个等级。

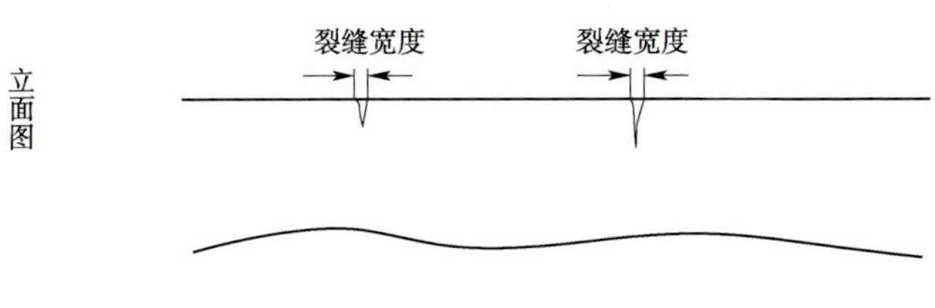


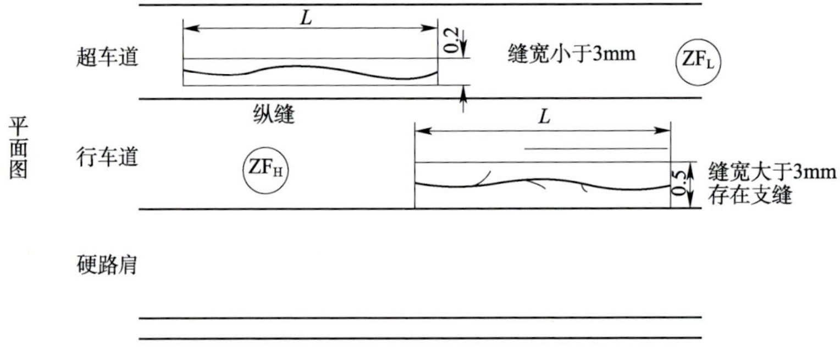


图 2-9　纵缝示意图（尺寸单位：m）

注：ZF 指纵向裂缝；$ZF_L$ 指轻度纵向裂缝；$ZF_H$ 指重度纵向裂缝。

（1）轻度纵缝：缝细，裂缝壁无散落或有轻微散落，无支缝或有少量支缝，裂缝宽度在 3mm 以内，如图 2-10 所示。

a)

b)

图　2-10

c)

d)

图 2-10 沥青混凝土路面轻度纵缝

（2）重度纵缝：缝宽，裂缝壁有散落，有较多支缝，主要缝宽大于 3mm，如图 2-11 所示。

a)

b)

图 2-11 沥青混凝土路面重度纵缝

# 2.2 破损类病害

## 2.2.1 唧浆

沥青路面唧浆是指地表水通过沥青碎石面层渗入基层，使基层软化、膨胀，在车辆荷载的连续作用下，基层中细小颗粒从面层空隙喷射出来的现象，如图 2-12 所示。

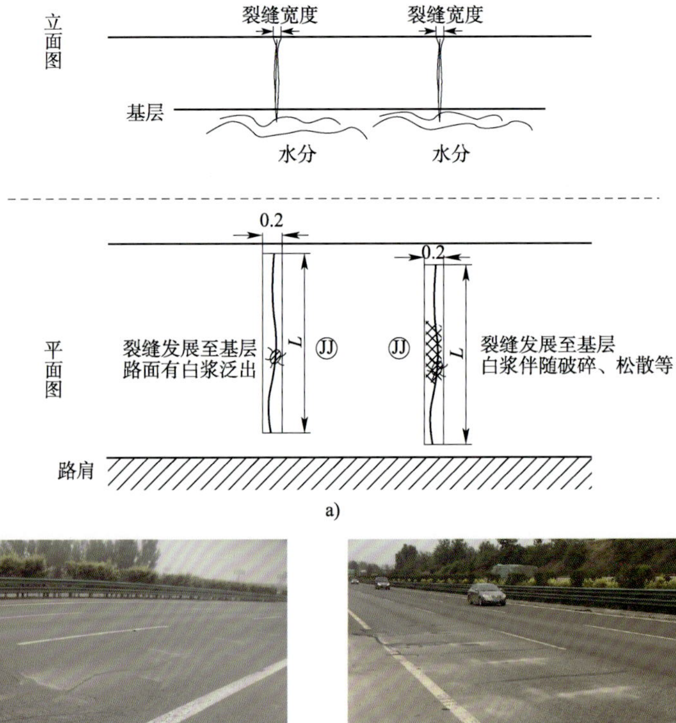

立面图
裂缝宽度
裂缝宽度
基层
水分
水分
0.2
0.2
平面图
裂缝发展至基层
路面有白浆泛出
$L$
JJ
JJ
$L$
裂缝发展至基层
白浆伴随破碎、松散等
路肩

a)

b)

c)

图 2-12　沥青混凝土路面唧浆现象（尺寸单位：m）

注：JJ 指裂缝伴随唧浆。

### 2.2.2 坑槽

路面破坏成坑洼，或曾出现过连续坑槽破损的，称为坑槽，如图 2-13 所示。坑槽损坏按面积计算。

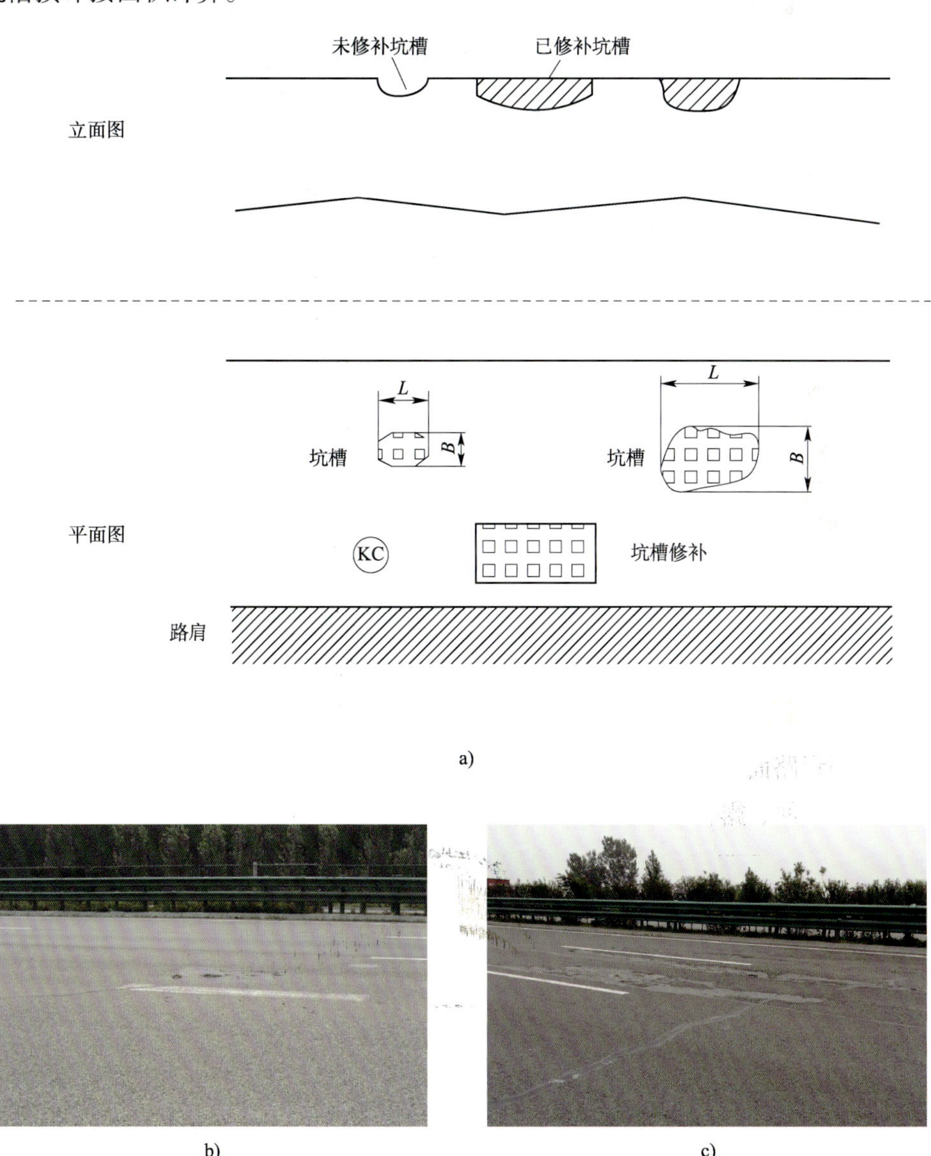


a)

b)

c)

图 2-13

d) e) f) g)

图 2-13　沥青混凝土路面坑槽

注：KC 指坑槽破损。

## 2.2.3　松散

沥青路面的松散是指路面结合料失去黏结力、集料松动，路面粗集料散失、脱皮、麻面、露骨，表面剥落、有小坑洞，如图 2-14 所示。损坏按面积计算。

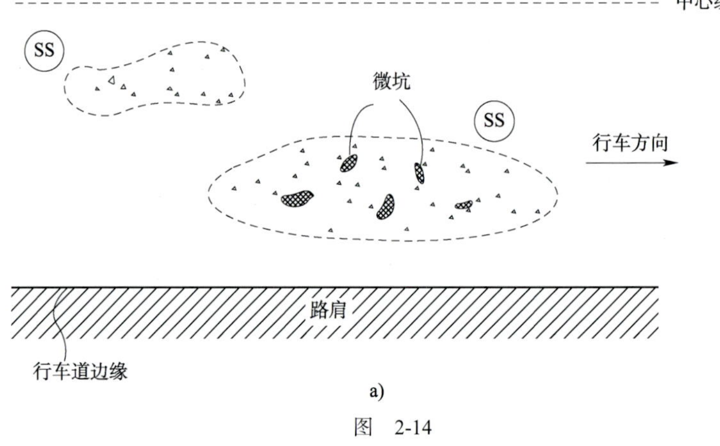


a)

图　2-14

b) c) d) e)

图 2-14 沥青混凝土路面松散

注：SS 指松散破损。

## 2.2.4 修补

修补是指因破损或病害而采取修复措施进行治理，路表外观已修补的部分与未修补的部分明显不同，如图 2-15 所示。损坏按照面积或者修补影响面积计算。

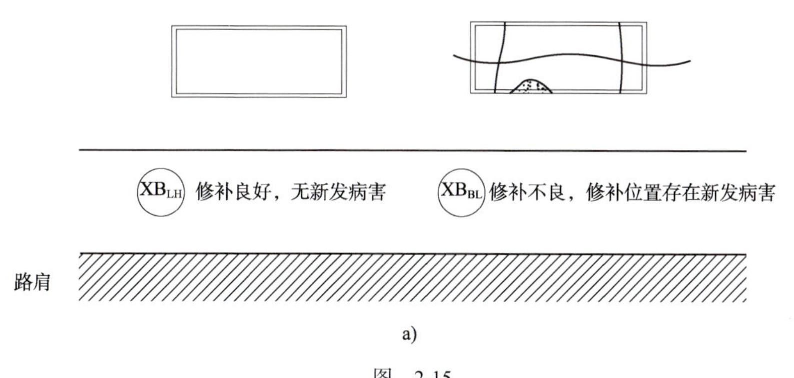


a)

图 2-15

b)　　c)

d)　　e)

图 2-15　沥青混凝土路面修补

注：XB 指修补；$XB_{LH}$ 指修补良好；$XB_{BL}$ 指修补不良。其中，图 b）、c）为修补良好路面；图 d）、e）为修补不良路面。

# 2.3 变形类病害

## 2.3.1 沉陷

沉陷是指大于 15mm 的路面局部下沉，如图 2-16 所示。

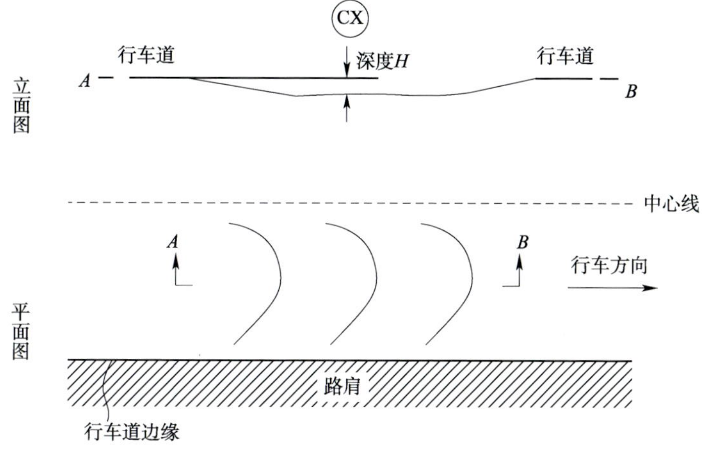


图 2-16 沉陷病害示意图

轻度沉陷（图 2-17）：可正常行车，但影响行车舒适性。损坏按面积计算。

a) b)

图 2-17 沥青混凝土路面轻度沉陷

重度沉陷（图 2-18）：沉陷差较大，影响行车安全，或者出现裂缝 + 错台。损坏按面积计算。

a)　b)　c)　d)

图 2-18　沥青混凝土路面重度沉陷

## 2.3.2　车辙

车辙是指在行车荷载重复作用下，路面产生永久性变形积累形成的带状凹槽，如图 2-19 所示。

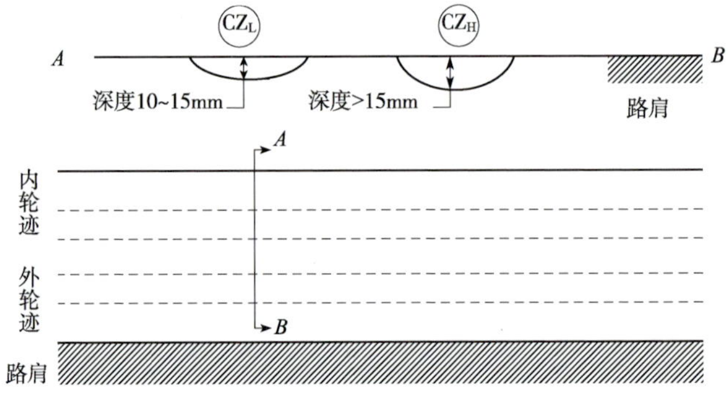


图 2-19　车辙示意图

注：CZ 指车辙；$CZ_L$ 指轻度车辙；$CZ_H$ 指重度车辙。

轻度车辙（图 2-20）：辙槽浅，深度在 10 ~15mm 之间。损坏按长度计算。

a)　　b)

图 2-20　沥青混凝土路面轻度车辙

重度车辙（图 2-21）：辙槽深，深度在 15mm 以上。损坏按长度计算。

a)　　b)

图 2-21　沥青混凝土路面重度车辙

### 2.3.3　波浪拥包

波浪拥包示意图如图 2-22 所示。

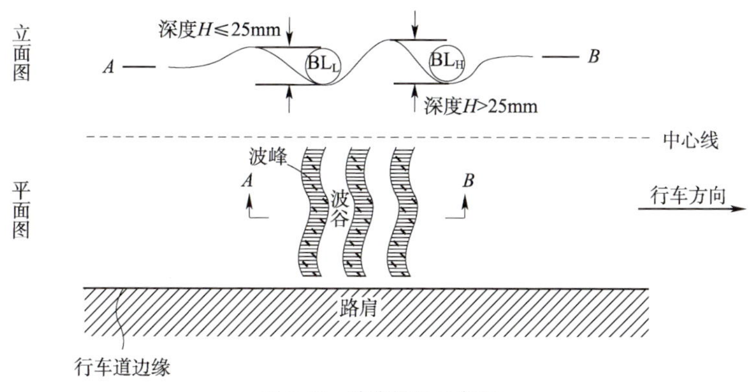


图 2-22　波浪拥包示意图

注：BL 指波浪；$BL_L$ 指轻度波浪；$BL_H$ 指重度波浪。

轻度波浪拥包（图 2-23）：波峰波谷高差小，高差在 10 ~25mm 之间。损坏按面积计算。

a)

b)

图 2-23　沥青混凝土路面轻度波浪拥包

重度波浪拥包（图 2-24）：波峰波谷高差大，高差大于 25mm。损坏按面积计算。

a)

b)

图 2-24　沥青混凝土路面重度波浪拥包

# 2.4 泛油类病害

泛油类病害是指路面沥青被挤出或表面被沥青膜覆盖形成发亮的沥青薄层或沥青斑，如图 2-25 所示。损坏按面积计算。

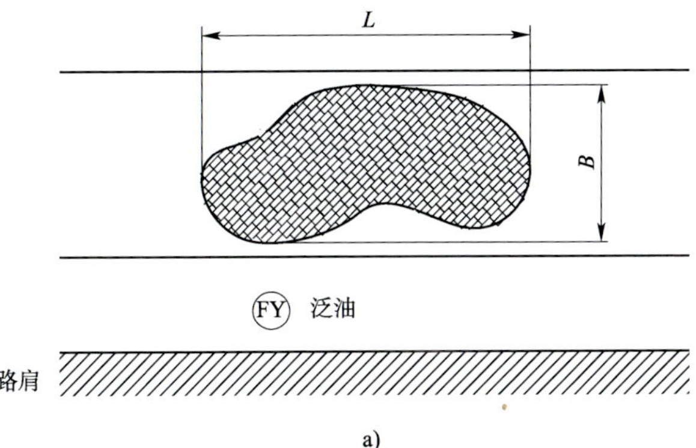


a)

b)

c)

图 2-25 沥青混凝土路面泛油病害

注：FY 指沥青路面泛油。

# 3
# 沥青路面破损调查与记录

为了便于现场调查及记录，对沥青混凝土路面破损分类、分级给出统一的记录符号，建立了一套系统的路面破损编号体系。同时，规定了基于特征识别图册的路面破损分类代号以及针对路面各类破损进行分级的病害分级代号。

表 3-1 为沥青路面损坏类型分级特征图谱。

**沥青路面损坏类型分级特征图谱** 表 3-1

| 序号 | 损坏名称 | 分级 | 定义及分级指标 | 病害代号 | 记录符号 |
|---|---|---|---|---|---|
| 1 | 网裂 | — | 主要发生于沥青路面表面层，裂缝发展无明显规律，裂缝块度小，缝缝细小，深度浅 | WL | |
| 2 | 龟裂 | — | 在路面上呈相互交错的小网格状。裂缝块度大部分集中在20~50cm，裂缝发展层位深，裂区无变形或有轻度变形或散落 | JL | |
| 3 | 块状裂缝 | 轻 | 大部分裂缝块度大于 1.0m，裂区无石料散落，裂缝缝细，在 3mm 以内；块裂边距小于 3m | $KL_L$ | |
| | | 重 | 主要裂缝块度在 0.5~1.0m，裂缝发展层位深，裂区有石料散落，裂缝较宽，大于 3mm | $KL_H$ | |
| 4 | 横缝 | 轻 | 缝细，裂缝壁无散落或有轻微散落，无支缝或有少量轻微支缝，裂缝宽度在 3mm 以内 | $HF_L$ | |
| | | 重 | 缝宽，裂缝深度贯通整个面层，且横向贯通一条以上车道，裂缝壁有散落并伴有较多严重支缝，同时伴有破损、啃边等，主要缝宽大于 3mm | $HF_H$ | |
| 5 | 纵缝 | 轻 | 缝细，裂缝壁无散落或有轻微散落，无支缝或有少量支缝，裂缝宽度在 3mm 以内 | $ZF_L$ | |
| | | 重 | 缝宽，裂缝壁有散落、有较多严重支缝，缝深贯通整个面层，主要缝宽大于 3mm | $ZF_H$ | |

续上表

| 序号 | 损坏名称 | 分级 | 定义及分级指标 | 病害代号 | 记录符号 |
|---|---|---|---|---|---|
| 6 | 唧浆 | — | 水通过沥青层渗入，使基层、层间软化、膨胀，在荷载连续作用下，细小颗粒从空隙喷射出来的现象 | JJ | 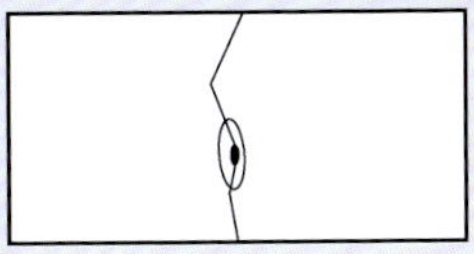 |
| 7 | 坑槽 | — | 路面破坏呈坑洼状，且一定区域内多发，曾连续出现 | KC | 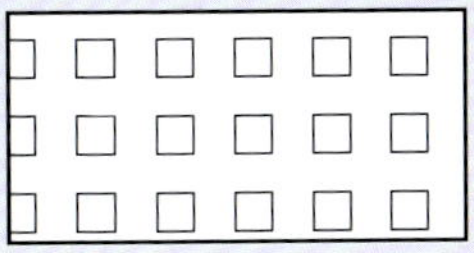 |
| 8 | 松散 | — | 指路面结合料失去黏结力、集料松动，路面粗集料散失、脱皮、麻面、露骨，表面剥落、有小坑洞 | SS |  |
| 9 | 修补 | 良好 | 龟裂、坑槽、松散、沉陷、车辙等按修补面积（不包括整车道修补且修补长度大于50m的修补面积）分为修补后完好者和再次损坏者 | $XB_{LH}$ | 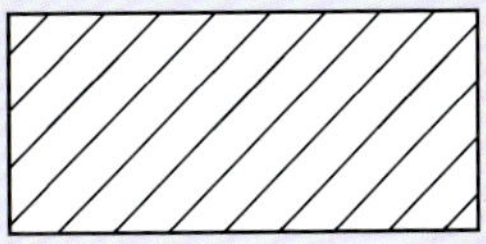 |
| | | 不良 | | $XB_{BL}$ | 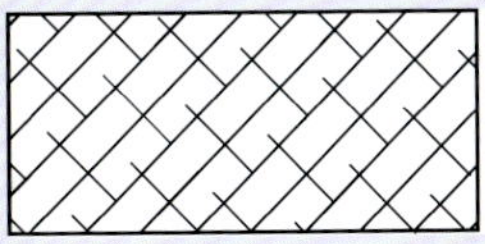 |
| 10 | 沉陷 | 轻 | 发生于局部范围内的不均匀变形，无错台，一般可正常行车，但影响舒适性 | $CX_L$ | 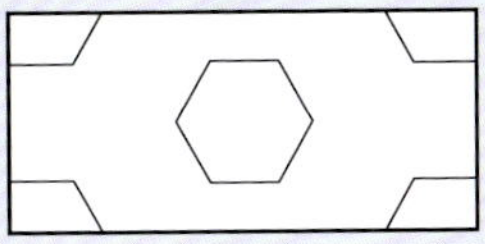 |
| | | 重 | 发生于局部范围内的不均匀变形，存在 2cm 以上的错台高差，影响行车舒适性和安全 | $CX_H$ | 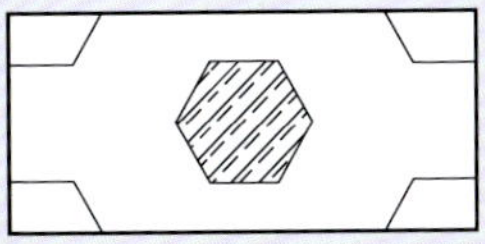 |
| 11 | 车辙 | 轻 | 轮迹带纵向带状辙槽，辙槽浅，深度在 10~15mm 之间 | $CZ_L$ | 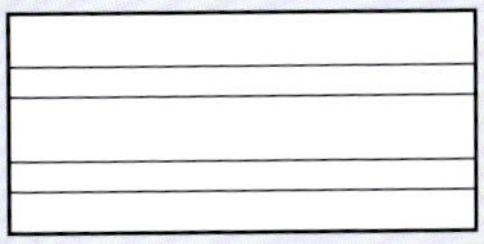 |
| | | 重 | 轮迹带纵向带状辙槽，辙槽深，深度在 15mm 以上 | $CZ_H$ | 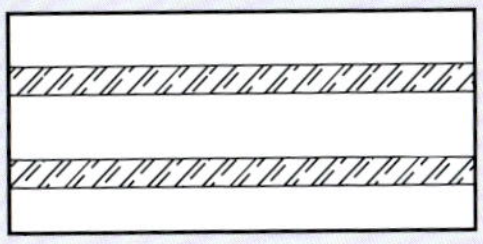 |

续上表

| 序号 | 损坏名称 | 分级 | 定义及分级指标 | 病害代号 | 记录符号 |
|---|---|---|---|---|---|
| 12 | 波浪拥包 | 轻 | 由于沥青路面变形形成纵向或横向波状隆起，波峰、波谷高差在10~25mm之间 | $BL_L$ | |
| | | 重 | 由于沥青路面变形形成纵向或横向波状隆起，波峰、波谷高差大于25mm | $BL_H$ | |
| 13 | 泛油 | — | 路面沥青被挤出或表面被沥青膜覆盖形成发亮的薄油层；呈局部斑块状或连续片状 | FY | |

特征图谱针对沥青混凝土路面各种破损分类、不同分级均附以贴切的象形图示，便于在被调查路段上标识某一区域的破损类型及破损程度；规定了基于特征图谱的路面破损分类代号以及针对路面各类破损进行分级的病害分级代号，病害分类及分级代号采用每种破损名称的汉字首尾的第一个拼音字母组成两个字母的组合，用L、H作为每个分类代号的下角标，以此分别代表轻度、重度破损级别，从而建立了一套系统的路面破损编号体系，结合现场调查图表，可完整地对现场病害进行复原，以便设计人员进行详细的设计。

# 参考文献


［1］中华人民共和国行业标准．JTG H20—2007　公路技术状况评定标准［S］．北京：人民交通出版社，2007.

［2］中华人民共和国行业标准．JTG C10—2007　公路勘测规范［S］．北京：人民交通出版社，2007.

［3］中华人民共和国行业标准．JTG D50—2017　公路沥青路面设计规范［S］．北京：人民交通出版社股份有限公司，2017.

［4］中华人民共和国行业标准．JTG H10—2009　公路养护技术规范［S］．北京：人民交通出版社，2009.

［5］中华人民共和国行业标准．JTJ 073.2—2001　公路沥青路面养护技术规范[S]．北京：人民交通出版社，2001.

［6］河北省地方标准．DB 13/T 2465—2017　高速公路沥青路面养护技术规范［S］.2017.

# 致　谢

本书是“高速公路沥青路面技术状况评价及养护勘测设计成套技术研究”（编号 2013-1-3）课题研究成果的一部分。在书稿编写过程中，课题组结合河北锐驰交通工程咨询有限公司近十年在为河北省高速公路养护专项工程咨询设计服务中积累的成果，融合了河北省高速公路管理局对所辖高速公路养护管理工作中的经验，得以成书。在此出版之际，特向为本书做出过贡献的河北省高速公路管理局、河北交通投资集团有限公司、河北省交通规划设计院、河北锐驰交通工程咨询有限公司以及杜群乐正高工、张秀山正高工、王向会正高工、李强研究员等专家、学者及“王子鹏公路养护技术创新工作室”的全体成员及业界朋友们致以衷心的感谢！